AF455164

POETAS DE PACOTILLA

SIETE POEMAS ICÓNICOS DE...

Yuri Zambrano

EDITORIAL
A BORDO
DEL
POLEN

PICANDO AQUÍ
Y ALLÁ
Ediciones

POETAS DE PACOTILLA: Siete Poemas Icónicos de …
Primera Edición

EDITORIAL
A BORDO DEL POLEN

PICANDO AQUÍ Y ALLÁ
Ediciones

(E-mail: neuronalself@gmail.com)

International Standard Book Name:
***ISBN* 978-1-329-97172-1**

PORTADA: Siete Iconos de Niebla, *Michael Gray Photo.*

Typeset en *Times New Roman* y Textos en Palatino Linotype12 pts.

INTRODUCCION

Como una forma de expresar lo icónico y lo significativo que refleja al "ser poético" del autor, estas siete palabras que se levantan casi transgresoras, casi develando un grito interno, son publicadas en un solo texto.

Los poemas aquí reunidos muestran los diferentes estados de angustia a través de varios años de su historia frente al papel vacío.

Con un trabajo inicial que proviene desde finales de los años 80's en "El Ballet de las Palabras Antes de Convertirse en Humo" aparece su segundo libro: "Peregrinos del Humo" antes de finalizar el siglo XX, donde el lirismo soñador del poeta de su edad, viaja un poco al nicho contestatario de las abejas inconformes que ya polinizan la flor de la palabra en una demanda más que existencial… la de la fraternidad entre los humanos por medio de la poesía.

Por ello, *poetas de pacotilla* es más que icónico, demandante en aquellos humos que peregrinan a través de las letras.

Tiempo después y ya con la conciencia clara de lo que sus letras significan, el poeta arremete en lo que deviene en su oficio diario y escribe uno de sus trabajos más comprometidos en "Confesiones de un Poeta Incendiario" donde sus poemas rabiosos son navíos en combate y franca insurgencia, intentando encontrar respuestas que parecen cada vez más lejanas, o más cerca, dependiendo de la óptica con que se les mire.

La tercera palabra de estos siete iconos poéticos del autor, posee un lirismo erótico fino, un tributo al considerado por los historiadores, como primer texto idílico en el devenir de la literatura universal. Allí, se homenajea al héroe Gilgamesh. Con profundo amor por la investigación literaria, el autor recrea el árbol genealógico de Inana, la madre de todos los amores, princesa del erotismo de los Sumerios y Babilonios, diosa de la copula *transe-dionisiaca*, como un tributo que solo podría ser traducido por los vientos, para llegar a las pupilas… a los sentidos del lector.

Los poemas IV y V, son parte de la experimentación poética, que aparecen en su título: *Poemas para despertar la ira de Melpómene y otros textos de medicina*, con un lenguaje en el que trata de exorcizar su formación pero también, evidenciando el oficio experimental del escritor que antes que cansarse, prosigue en el camino de probar y abrir siempre las nuevas vías de la literatura, siempre persiguiendo su pregunta primigenia.

En esta continua experimentación, se deja venir con soberbia en su escrito **Zoo-Verbia**. Es un poema altivo, necesario y transgresor. Escrito en técnica de 'heptasílabos con hepteto-culto' cual número hierático, *Zoo-Verbia* es un clamor que invita al *blues* de la meditación, la introspección y la autocrítica de esa condición humana que tanto exhibe nuestras fragilidades.

ZOO — VERBIA

(También llamado
blues para musicarse cuando quieran)

Zorro de *minus*-val
oculto en su miseria
astuto en la mirada
menosprecio al andar
festeja su alma en pena
su oscuro deambular.

Te ves en la mañana
con pobre ingenuidad,
sin pisar bien tu cola
alistas la canana,
que soledad tan sola
llena de vanidad.

Escribo más que ingenuo:
¡Existe escapatoria!
Me orino en tu solar
me cago en lo superfluo,
dónde estará tu mar
vejiga natatoria.

Lo-(b)vas viendo al destino
bien saben lo que dicen
con ego de corral.
Atila en tu intestino
destruir lo que pisen
pecado capital.

Pon los pies en la tierra
que el mundo se te cierra.

La vida hecha añicos
si tienes qué perder
tristeza en lo tatuado
con años de duquesa
moviendo el abanico
no sabes que es~coger

en esta no te evado
te enfrento sin correr
por encima del hombro
no hay mucho para ver
al cazador cazado
le queda algo de escombro.

Musas han de decir
lástima el pobre humano,
el mundo en el que vives
tú mismo lo maldices.
Yo si tiendo la mano
… dan ganar de morir.

La duda metódica "ene", es quizá uno sus primeros poemas cortos, donde confabula con el principio dualista Descartiano, pero también confronta en pocas líneas su gran devoción por las preguntas cortas pero profundas propias de la ancestral filosofía oriental con *Koanes,* que lejos de los aforismos medievales o del clasicismo literario, encuentran el propio estilo inquisitivo del autor.

Este estilo es de los experimentos surgidos a partir de *Lapidarios - 1994*, que con el tiempo y con el trabajo continuo se convirtieron en *Yoctopoemas*, o poemas tan cortos donde el titulo suele ser más largo que el mismo poema; son parte de su propio acervo experimental. Acompañados siempre de las *Attoficciones,* estos Yoctopoemas son líneas líricas tan de mínima extensión que sólo son descubiertos por los propios lectores cuando realmente han abierto tales títulos. Finalmente, la palabra perenne y cabalística que se acerca a la provocación total, pero a su propia congruencia, aparece en su *Dos lenguas ante el altar profano,* con un credo poético que identifica la clara congruencia del escritor.

De ahí estos iconos, que suman el siete *zoo-verbio,* tan sacro como hermenéutico. Una selección de poemas que ilustran los recursos que exigen los espacios en blanco.

EL AUTOR

SIETE POEMAS ICÓNICOS

POETAS DE PACOTILLA

Todos los poetas son santos !!
Juan Gustavo Cobo Borda, 1987

Poetofagia.
Poetoparasitosis,
Poetoptosis.
Poetocalcosis…
¡Poetosclerosis!

Poetas devorando poetas.
Poetas parasitando poetas.
Poetas entre sí, carcomiendo
poetas.

Yuri Zambrano

2

SIETE POEMAS ICÓNICOS

Poetas engordando el caldo
de más poetas.

Poetas *fusil-ando* poetas.
Poetas anquilosando poetas.
Poetas en carrera contra la
carrera de otros poetas.

Poetas al grito de guerra,
desmadrando poetas.
Poetas creyendo en la
naturaleza del poeta.
Poetas creyendo en la
hermandad del poeta.

Yuri Zambrano

SIETE POEMAS ICÓNICOS

Poetas ascetas, respetables de
la A, a la Z.
Poetas vistiendo a la luna de
musa y poeta.
Poetas sin etiquetas,
etiquetando poetas.
Poetas envileciendo poetas.
Poetas, árbol caído de otr@s
poetas.
Poetas ametrallando poetas en
un muro de poetas.

Poetas de oprobio,
oprobiando poetas.
Poetas desdeñando poetas.
Poetas fruición de poetas.

Yuri Zambrano

SIETE POEMAS ICÓNICOS

Poetas desleales
al poeta que es poeta.
Poetas como pájaros tirándole
a la escopeta del poeta
Poetas jerarquizando poetas.
Poetas mayores,
Poetas menores…

Poetas traicionando poetas.
Poetas de puñeta,
masturbando poetas.

Poetas penando
por otr@s poetas.

Yuri Zambrano

SIETE POEMAS ICÓNICOS

Poetas
en ritos iniciáticos de poetas.
Poetas creyendo en la mística
de todos los poetas.

Poetas menos santos,
santificando poetas más
santos.

Poetas, altar de poetas.
Poetas, sillar de poetas.
Poetas con hongos en sus pies,
altar de poetas.
Poetas seduciendo poetas.
Poetas mancillando poetas.

Yuri Zambrano

SIETE POEMAS ICÓNICOS

Poetas de laboratorio,
experimentando con poetas.

Poetas de artilugio
ensalzando poetas.
Poetas de subterfugio,
evadiendo poetas.

Poetas ordeñando poetas.

Poetas de pipeta mamando la
corneta a otr@s poetas.

Poetas casi profetas haciendo
marometas con poetas.

Yuri Zambrano

SIETE POEMAS ICÓNICOS

Poetas conspirando contra
aquell@s poetas.

Poetas recriminando poetas.

Poetas
  cercenando letras de poetas.
Poeta de letra inquieta.

Poetas de cruceta
dejando en la banqueta a poetas.
Poetas mercenariando poetas.
Poetas prostituyendo poetas.

Yuri Zambrano

SIETE POEMAS ICÓNICOS

Poetas postergando poetas.
Poetas jugando con poetas.
Poetas haciendo movimientos
de poetas.

Poetas engañando poetas,
editando como alimañas con
arteras artimañas, antologías
de poetas.

Poetas de avioneta y
anacoretas hurgando las
grietas del poeta.

9

SIETE POEMAS ICÓNICOS

Poetas utilizando poetas.
Poetas engullendo poetas.

Poetas pisoteando poemas de
poetas pisoteados.

Poetas premiados sin poeta
que les ladre.

Poetas comiendo sus
croquetas.

Poetas de oceánica y
tránsfuga soledad poética.

Yuri Zambrano

SIETE POEMAS ICÓNICOS

Poetas leyendo hasta el coño
sus poemas.

Poetas ególatras caga-palos de
poetas.

Poetas sin culpa, culpando
poetas.
Poetas atletas, analfabetas con
bayoneta.

Poetas volviendo mierda la
poesía.

¡Poesía salpicando fraternidad
entre poetas!

Tomado de **PEREGRINOS DEL HUMO, 1 9 9 1**

Yuri Zambrano

SIETE POEMAS ICÓNICOS

Yuri Zambrano

SIETE POEMAS ICÓNICOS

Yuri Zambrano

NO ES NINGUN DOGMA, TRANQUILOS ¡SOLO UN POEMA RABIOSO!

Aquí pura poesía militante
Aquí pura poética beligerante

Aquí letras insurgentes e
incendiarias
Aquí pura dictadura lírica de
baja estopa
¡Aquí comprobamos que la
poesía masturbatoria
se hace con las manos !

Yuri Zambrano

SIETE POEMAS ICÓNICOS

Aquí violamos cerebros,
nunca los lavamos.

Aquí puro pragmatismo
poético
aqui obras, actos y hechos
nada de que primero yo,
segundo yo, tercero yo

Aquí, no nos interesa el ego
execrable de los poetas
Que alegan el doble discurso
y se lavan sus manos de
Pilatos
en piletas con pilas de basura.

SIETE POEMAS ICÓNICOS

Aquí manojo de hinojos de
lecturas previas
y erudiciones sin sentido,
que mandamos a volar gracias
al cielo.

Aquí promulgamos el
abandono del ser
y se nos nota.
Aquí vivimos en el aire,
escribimos en el aire
En medio de viento y fuego
Sangre y fuego
Y se nos nota.

Yuri Zambrano

SIETE POEMAS ICÓNICOS

Aquí creemos firmemente que
el amor fraterno
es el quinto elemento
y que el agua
Ya no corre en ríos ni océanos
(y menos en tuberías)

Aquí creemos que la sangre
de las injusticias y la
inequidad
Nos alimenta.

Aquí sepultamos el morbo
militante y deshonesto

Aquí mandamos a la verga a
los faltos de compromiso
Al fatuo de corazón
Aquí creemos en la libertad
escritoril
Y qué hagan
lo que se le dé la gana,
pero que no mamen.

Aquí no queremos mariquitas
que digan,
La poesía es solo de amor
y no de política, ni de lucha

Aquí

nos masturbamos con Eros

y violamos

todo lo que se crea

que la proyección freudiana
del poeta

es esa eyaculación femenina

nacida de una fuente
inagotable de tristezas,

simil

de una Danae mal-cogida

llamada poesía erótica

y se nos nota.

Yuri Zambrano

SIETE POEMAS ICÓNICOS

Aquí queremos que sepan
que si tienen la virtud
de mover corazones con la
palabra,
que lo hagan
y no para hinchar su existencia
de conmiseraciones
hundiéndose en un ego
autoritario y desmedido.

Aquí la fractalización del
poeta estalla en esquirlas de
metralla
En pétalos de rosa y espinas a
lo Kierkegäärd.

Yuri Zambrano

Aquí rompemos esquemas y
podrimos el alma de los *snobs*.

Aquí sueños perdidos
Aquí causas encontradas.
Aquí los cauces… ¿los ven?

Que se traguen sus palabras
esos poetas tibios
que creen que el amor no es
fraterno.

Tomado de
CONFESIONES
DE UN POETA INCENDIARIO, 2010

SIETE POEMAS ICÓNICOS

Yuri Zambrano

SIETE POEMAS ICÓNICOS

Yuri Zambrano

GILGAMESH
E
INANNA

Toro de tempestad
hecho de nube y esperanza.

Un sueño inmortal por la paz
se siembra despacio
y el sol viaja cada noche
recordando aquellas utopías
del hombre por el hombre
donde Gilgamesh busca
tristemente la inmortalidad.

Dos seres escorpión
paridos por la diosa de las
ovejas
custodian hierbas abisales.

Una serpiente vuela en el
agua
hurtando un no sé qué de
juventud
tan valioso como el olvido.

El descenso y ascenso a los
infiernos es inminente.

Dumuzi, un rey del pastoreo
corteja sin piedad,
delinea los ijares de su amada
mientras ella sueña con reinas
del inframundo,
con frutos
del *Huluppu*
que tallen su trono.

Catorce veces se ha alzado la
copa.
En Abzu, el abuelo Enki así lo
ha decretado
le ha heredado la sabiduría en
el arte de hacer el amor.

La muy sagrada Inanna,
reina de cielo y tierra
sacerdotisa embriagada de
pasiones ígneas
se pierde en los Zigurat de
Uruk

La luna
da cuenta
de eso…

Los sabios de Efesos
los ladrones de Bagdad
las putas de Babilonia

las semillas en Nippur y
Eridu
recordarán por siempre
las tormentas de gran
estruendo

El beso del falo:
la alegría de Sumeria en siete
himnos.

Tomado de **TRADUCCIÓN DE LOS VIENTOS, 2008**

Yuri Zambrano

SIETE POEMAS ICÓNICOS

Yuri Zambrano

POÉTICA DEL CREYENTE EN UTOPÍAS

No es una doctrina
decirte que hagas lo que se te
dé la gana
y luego pedirte a gritos que lo
hagas.

Pero que lo hagas de una vez
por todas,
Sólo que lo hagas,
¡ Que lo hagas !

Cuestión de congruencia.

Yuri Zambrano

Hacer y decir
no es lo mismo
que decir y hacer
ni menos,
lo mismo que decir
y no hacer.

Para el creyente en utopías
para el que se alimenta
constantemente de sueños
la tierra se desvanece en
humos sagrados
en lágrimas de espanto
en masacres de franjas
Gaza-cisjordanas

de invasiones quasi-
alienígenas
En muros de fuego
que extirpan libertades

Deseos y ensoñaciones
Esperanzas y expectaciones…

Así pues,
el hambre se mete tan
despacio
como una inyección letal
entre nuestras venas.

Nos jode tanto el discursito
de que
con escribir no se hace nada
y por eso
es que esta retórica
lector despiadado e insensible
podría pasarle a usted
de su boca…
hasta donde no le brilla el sol.

Como un
F
L
U
I
D
O

como aquel vaporoso fluido
metabólico
oloroso y gasificado
que se escapa de sus
intestinos
cuando algo le cae mal
digestivamente hablando.

Acaso,
¿alguna indigestión poética
le molesta?

Experimento previo a
POEMAS PARA DESPERTAR
LA IRA DE MELPÓMENE,
1996-2001

SIETE POEMAS ICÓNICOS

Yuri Zambrano

INDIGESTION POÉTICA

— Doctor, doctor, sálveme. Acúsome de indigestión poética.

— Qué le sucede.

— Abusé terriblemente de las creencias poéticas, de la utopía, del sueño colectivo con ensaladas de esperanza a la vinagreta.

— Vaya, esas no las he probado. ¿ A qué saben?

— A indiferencia y desasosiego. A apatía y un poco de pasma.

— Bueno, debe ser terrible tener ese tipo de náuseas. Dígame, ¿las tiene en la mañana? O en la tarde…

— A toda hora doctor, es imposible vivir así. El metal de ese egoísmo entre humanos, cae como una lápida que a veces es difícil quitar. Me llama a la depresión, pero no me dejo. Creo que este amor a la vida, es lo que me pone a luchar sin tregua alguna.

— Entonces necesita unos estudios clínicos a fondo. Una endoscopía para ver la ingenuidad de su alma, analizar si de pronto no trae unos pólipos de apatía crónicos que le lastimen aún más esas visceromegalias que tiene por tanto abuso cotidiano.

Y de pronto, si todo sale como lo esperado, realizarle una gamagrafía de concreto, para que usted solidifique todos esos sueños, que se le evaporan con tan solo mirarle.

— ¿Y eso duele, Doc?

— No tanto como sus utopías, por demás claramente patológicas, pero le haremos ese procedimiento bajo anestesia general, para que no sienta esas sensaciones tan desagradables, que a la postre le producen esos espasmos nauseosos que no le dejan ni dormir.

— Oiga doctor, y *usté* cree en la indolencia?

— Habría que tomarse unos comprimidos por lo menos de 50 milígramos de *sordera inequivocum,* 50 mililitros de jarabe de "Empaticol esperanzado" para esos gases de desidia popúlica que le asfixian; tómelas en ayunas por favor y no se le olvide hacerse los lavados de conciencia y autoconciencia por 50 minutos diarios antes de dormir, con emolumentos de "Amnesíflex" diluido en vapores de alegría...

— ¿Y por qué siempre Sin cuenta?

— Bueno, tiene usted que saber que éste es un tratamiento agresivo. A estos casos de Abulia Filantrópica Hipersensible, no se les puede dar espacio. Usted es, digamos, muy sensible y sufre en demasía por la indiferencia de los demás a las injusticias, los quebrantos, las cosas de la vida.

— ¿Tan grave es?

— ¡Tremendo! A punto del delirio, no hay mente sana que le ayude.

— Y cuando vuelvo a control…

— Nunca, ¡nunca de los nuncas por favor!. Su enfermedad es altamente contagiosa, virulenta y enfermiza. Creo que he adquirido los síntomas de efervescencia que tanto le aquejan y pronto estaremos en la misma clínica de recuperación poética para el alma. Es usted del tipo de pacientes que llaman al desahucio, pero que felizmente se comprometen con un trastorno sinérgico que potencializa la transmisión infecciosa de la esperanza en altas dosis de ilusión.

— Y entonces qué ¿no me ayuda para nada?

— Hago lo que puedo…
Llévese por favor estas inyecciones letales de creencia utópica C.B.P., y dos vías de inoculación mental en el poder de la palabra.
Eso le ayudará a sobrellevar el cataclismo de su desolador padecimiento, y por supuesto, ¡ Ya no ingiera tantos sueños en exceso !

Tomado de **POEMAS PARA DESPERTAR LA IRA DE MELPOMENE Y OTROS TEXTOS DE MEDICINA, 1996-2001**

SIETE POEMAS ICÓNICOS

Yuri Zambrano

DUDA METÓDICA "ENE".

Si la poesía es bella,

entonces

por qué tan poca fraternidad
entre los humanos

Tomado de **"LAPIDARIOS", 1994.**

Yuri Zambrano

SIETE POEMAS ICÓNICOS

Yuri Zambrano

POEMA PARA SER EXCOMULGADO…

pero eso sí, ¡canonizado!

Creo en una sola poesía,
madre toda poderosa,
creadora del amor profundo
existente entre cielo y tierra
Entre mar y aire,
entre fuego y pan
Entre vino y tú
entre carne y letras…
vaya,
Entre todo lo visible
y lo invisible.

SIETE POEMAS ICÓNICOS

Creo en el poema ausente de
todo ego,

profano licencioso y bastardo
hijo único de semióticas
desalmadas,

nacido de grafemas naturales
antes de cualquier
gemido amoroso
al inicio de todos los tiempos,

en esa caricia insoluta y
mañanera
que te prodigo
desde antes de que las piedras
hablaran

Yuri Zambrano

reclamando sitios vedados
en el tragamonedas de fósiles
arcaicos.

Barro de barro,
luz de luz,
sonido verdadero
de sonido verdadero,
imaginado,
no creado,
de la misma naturaleza
del primer poema silencioso,
por quien hicimos el amor
(o que todo fue hecho);

que por nosotros los poetas
y por nuestra salvación,

bajó del cielo
creyendo salvar el mundo.

Y que por obra
del espíritu malalétrico
se encarnó de más malas letras
y se hizo poema contestatario
e insurrecto,
y por causas ajenas a la
voluntad *escritoril*
fue crucificado
en tiempos de
"dejen en paz a la pobre poesía"

padeció y fue sepultado,
y resucitó como se dice,

antes de tres días
subiendo al cielo
y sentándose a la derecha
de…
¡Otros poemas!

Y de nuevo vendrá aterrador,
genial, impresionante,
sin piedad
rimbombante
devastador;
impecable
implacable
impostergablemente
comprometido
para juzgar poemitas y
poemones

poetas mayores y menores

débiles con ego y

fuertes con espíritu
de
"te amo poesía",

y su reino no tendrá fin.

Creo en la hecatombe nuclear
y en la destrucción de todo
vestigio de raza humana.

Y en que,
lo último que hará el hombre
en tales lides y antes de morir:

será –sin lugar a dudas-
escribir un poema
sobre el mar,
sobre el viento
sobre el fuego
ardiente de su cataclismo
antes de la colisión
inexpugnable de sus propios
electrones
y de la desaparición de su
última identidad molecular.

Creo en el poema del viento,
señor y dador de vida,

que procede del alma y la
víscera,

que con el verso y la prosa
recibe una misma
adoración y gloria,
dedicación y sustento,
y que habló por los poetas.

Y en la iglesia que es una
profana,
explotadora y pederasta:

Confieso que no hay un solo
espacio de la sociedad
para el perdón de tanta
política eclesial,
corrupta y desleal.

Espero la resurrección de
tanto perro siervo de dios
y la vida del mundo futuro
sin ellos,
Amén.

En **DOS LENGUAS ANTE EL ALTAR PROFANO, 2011**

SIETE POEMAS ICÓNICOS

Yuri Zambrano

ÍNDIE-C

SIETE POEMAS ICÓNICOS

Yuri Zambrano

SIETE POEMAS ICÓNICOS

Yuri Zambrano

SIETE POEMAS ICÓNICOS

Yuri Zambrano

Esta publicación fue editada
bajo la urdimbre tipográfica
Aldus,
diseñada originalmente
por el vanguardista impresor
Aldus Manutius (s. XVI).

A partir del perfeccionamiento
en la imprenta *Stempel*
por Hermann Zapf hacia 1954,
la versión *Lynotype* usada en este libro,
proviene del prolijo
Palatino Contemporary,
siguiendo los cánones caligráficos
concebidos por el renacentista
Giambattista Palatino.

3101 Hillsborough, NC.
Marzo 9, 2016.

www.ingramcontent.com/pod-product-compliance
Ingram Content Group UK Ltd.
Pitfield, Milton Keynes, MK11 3LW, UK
UKHW020218250726
13967UKWH00001B/66